CATALOGUE

DE

LIVRES MODERNES

ET D'AUTOGRAPHES

PROVENANT DE LA BIBLIOTHÈQUE

DE M. CHARLES MONSELET

DONT LA VENTE AURA LIEU

Le Samedi 7 Février 1885, à 2 heures 1/2 précises de l'après-midi

HOTEL DES COMMISSAIRES-PRISEURS

RUE DROUOT (Salle n° 4)

Par le ministère de M° G. BOULLAND, commissaire-priseur
rue des Petits-Champs, 26

Assisté de M. A. VOISIN, libraire

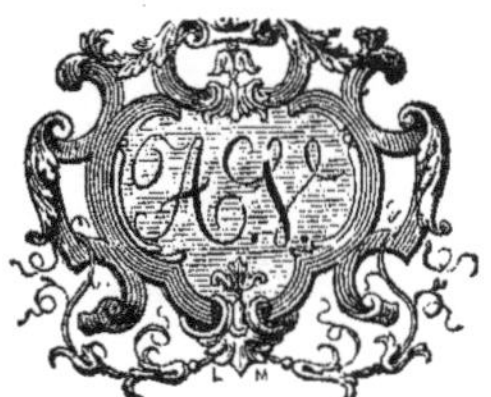

PARIS

A. VOISIN, LIBRAIRE-EXPERT

37, RUE MAZARINE, 37

—

1885

LIBRAIRIE HISTORIQUE A. VOISIN
Rue Mazarine, 37, Paris.

———

Achat de Bibliothèques, ventes aux enchères publiques, rédaction de catalogues, expertises.

Achat de manuscrits historiques, d'autographes anciens et modernes.

On trouvera à notre librairie des documents historiques manuscrits et imprimés classés avec soin, sur chaque province, des dossiers relatifs à la noblesse, des autographes de littérateurs contemporains pour l'illustration des livres ; etc., etc.

Paris. Imprimerie de Ch. Noblet, 13, rue Cujas. — 1885

CONDITIONS DE LA VENTE

Elle aura lieu au comptant.

Les acquéreurs paieront 5 p. 100 en sus des enchères, applicables aux frais de la vente.

Les ouvrages sont vendus COMPLETS ET EN BON ÉTAT, sauf indication contraire. Ils doivent être collationnés sur place et dans les vingt-quatre heures de l'adjudication.

Exposition publique, le jour de vente, de 1 heure à 2 heures 1/2.

M. A. VOISIN, libraire-expert, chargé de la vente, remplira les commissions des personnes qui ne pourraient y assister.

On suivra l'ordre du Catalogue.

CATALOGUE

DE

LIVRES MODERNES

ET D'AUTOGRAPHES

PROVENANT DE LA BIBLIOTHÈQUE

DE M. CHARLES MONSELET

DONT LA VENTE AURA LIEU

Le Samedi 7 Février 1885, à 2 heures 1/2 précises de l'après-midi

HOTEL DES COMMISSAIRES-PRISEURS

RUE DROUOT (Salle n° 4)

Par le ministère de Me G. BOULLAND, commissaire-priseur
rue des Petits-Champs, 26

Assisté de M. A. VOISIN, libraire

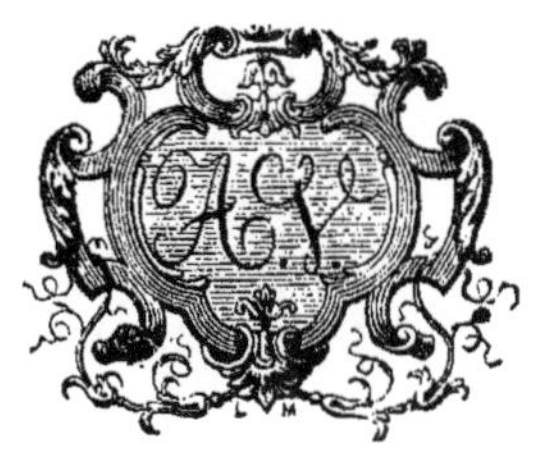

PARIS

A. VOISIN, LIBRAIRE-EXPERT

37, RUE MAZARINE, 37

—

1885

On a dit de M. Charles Monselet qu'il conti-
nuait la tradition de Charles Nodier. C'est vrai ;
personne ne s'entend autant que lui à réunir,
dans de modestes proportions, comme aujour-
d'hui, une collection de livres recherchés. Les
curieux trouveront certainement à glaner dans
celle-ci, où la variété est grande ; la gastronomie
y occupe le même rang que la poésie ; le *Cuisinier
français* y coudoie *Eloa*. Ici sont les petits romans galants du Directoire, groupés comme une
échappée d'Amours ; là , des romantiques fort
rares. On remarquera surtout un manuscrit tout
entier de la main de Gérard de Nerval, où l'on
retrouvera la donnée historique de l'opéra des
Monténégrins, traversé par son type affectionné du
capitaine Brisacier. Puis, des éditions originales
de Stendhal, de Flaubert, de Paul de Kock,
d'Henry Murger, etc., etc.

Mais la principale curiosité de ce catalogue,
c'est la Bibliographie complète de M. Charles
Monselet que nous publions pour la première
fois. Aucun travail n'étant plus compliqué et plus

difficile à faire. Larousse et Vapereau sont pleins
d'erreurs, Lorenz est incomplet. Nous croyons
avoir rendu un véritable service aux lettres en
portant la lumière dans cet ensemble d'œuvres si
diverses. Désormais, personne ne pourra plus
écrire sur M. Monselet sans avoir recours à notre
Catalogue.

CATALOGUE

DES

LIVRES DE M. CHARLES MONSELET

BEAUX - ARTS. — COSTUMES

1. Les Amateurs d'autrefois, par L. Clément de Ris.
8 portraits gravés à l'eau-forte. *Paris, Plon*, 1877,
in-8, br.

2. Notes d'un curieux, par le baron de Boyer de
Sainte-Suzanne. *Monaco*, 1878, in-8, br.

> Tiré à 300 exemplaires sur papier vergé.

3. Ch. Asselineau. — André Boulle, ébéniste de
Louis XIV ; 2ᵉ édition. *Paris*, 1855, br. in-12. —
Notice sur Lazare Bruandet, peintre de l'Ecole
française. *Paris*, 1855, br. in-12.

> Tiré à 100 exemplaires. Envois d'auteur.

4. Un Artiste oublié. J. B. Massé, peintre de Louis XV,
dessinateur-graveur, par Emile Campardon. *Paris,
Charavay frères*, 1880, in-16 carré, fig., pap. de
Hollande, br.

5. Paul Lefort. — Francisco Goya. Etude biographique et critique suivie de l'essai d'un catalogue raisonné de son Œuvre. *Paris*, 1877, in-8, port., br.

6. Raffet, son Œuvre lithographique et ses eaux-fortes,
suivi de la bibliographie complète des ouvrages il-
lustrés de vignettes d'après ses dessins, par H.
Giacomelli. — Orné d'eaux-fortes inédites, par

Raffet, et de son portrait, par J. Bracquemond. *Paris*, 1862, in-8, br.

Envoi d'auteur et lettre du même ajoutée.

7. Camille Lemonnier. — G. Courbet et son Œuvre, avec un portrait et cinq eaux-fortes. *Paris, Lemerre*, 1868, in-8, br. — Gros-Kost. — Courbet. Souvenirs intimes, illustré de dessins originaux hors texte, par Bigot, Boissy, etc. *Paris*, 1880, in-12, br. — Ensemble 2 volumes.

8. Etude sur Georges Michel, par Alfred Sensier. *Paris, Lemerre*, 1873, in-8, port. et pl., br.

9. Zacharie Astruc. — Les quatorze stations du Salon — 1859, suivies d'un récit douloureux. *Paris, Poulet-Malassis et de Broise*, 1859, gr. in-18, br., couvert. imp.

Avec un charmant envoi de l'auteur qui tient la moitié de la page du faux titre.

10. Costumes du XVIIIᶜ siècle ; d'après les dessins de Watteau fils, Desrais, Leclère, Cochin, etc., tirés des collections particulières. — 20 eaux-fortes par A. Guillaumot fils. — 2ᶜ série. Costumes en pied. *Paris, Cagnon*, 1875, gr. in-4, pap. de Hollande, br.

11. Costumes du temps de la Révolution (1790-91-92-93), tirés de la collection de M. V. Sardou, préface de M. Jules Claretie. Quarante eaux-fortes coloriées de M. Guillaumot fils. *Paris, Lévy*, 1876, in-4, pap. de Hollande, cart.

12. Galerie dramatique, ou Recueil de différents costumes d'acteurs des théâtres de la Capitale. *Paris, Martinet, s. d.*, 3 vol. in-8, d.-rel.

Ces trois volumes renferment ensemble 258 planches coloriées de la collection Martinet. Un certain nombre de ces costumes sont de Carle Vernet.

13. Les bonnes gens de province, par Léonce Petit. *Paris, Bureaux du Journal amusant et du Petit Journal pour rire*, in-fol. obl., br.

Envoi de l'artiste.

14. Art industriel. — L'ornement des tissus, recueil historique et pratique, par M. Dupont-Auberville. *Paris*, 1877, gr. in-4, orné de nombreuses reproductions en couleurs, cart. percaline verte, dor. en tête.

ART CULINAIRE

15. Cuisine. — 8 volumes in-12, v.

Les Soupers de la Cour, ou l'art de travailler toutes sortes d'aliments (par Menon). *Paris*, 1755, 4 volumes. — Les Dons de Comus, ou l'art de la cuisine réduite en pratique (publié par Querlon). *Paris*, 1758, 3 vol. — Le Confiturier royal, ou nouvelle instruction pour les confitures, les liqueurs et les fruits. *Paris* 1776, 1 vol.

16. Le Manuel de la friandise, ou les talents de ma cuisinière Isabeau, mis en lumière, contenant l'art de faire soi-même une excellente cuisine. *Paris*, 1797, in-24, front. grav., d.-rel.— Le Directeur des estomacs, ou instruction sur les aliments de toute espèce, dont chacun, selon son âge et son tempérament, peut se permettre, ou doit s'interdire l'usage, d'après l'avis des plus célèbres médecins. *Paris*, 1805, in-24, d.-rel. — Ensemble 2 volumes.

17. L'Art de la cuisine française au XIXe siècle. Traité élémentaire et pratique, par A. Carême. *Paris*, 1833, 2 vol. in-8, pl., d.-rel.— La Cuisine ordinaire, par Beauvilliers et A. Carême. *Paris*, 1848, 2 vol. in-8, d.-rel. — The Modern housewife or menagere comprising nearly one thousand receipts ; by Alexis Soyer. *London*, 1851, in-8, port., cart. toile. (*Envoi d'auteur.*) — Ensemble 5 volumes.

18. Le Livre de pâtisserie, par Jules Gouffé. Ouvrage contenant 10 belles planches chromolithographiques, et 137 gravures sur bois. *Paris, Hachette*, 1873, gr. in-8, port., chagr. rou., tr. dor.

19. Almanachs de la cuisine. — 7 volumes brochés.

Nouvel almanach des gourmands, dédié au ventre (par Horace

Raisson). *Paris*, 1825-27, 3 vol. in-12. — Almanach de la bonne cuisine et de la maîtresse de maison, années 1859, 1867 et 1873, 3 vol. in-16. — Almanach de la salle à manger, rédigé par des gourmets littéraires. *Paris*, 1865, in-16.

20. Léon de Fos. — Gastronomiana. Proverbes. — Aphorismes. — Préceptes et Anecdotes en vers, précédés de notes relatives à l'histoire de la table, par Georges d'Heylli. *Paris*, 1870, in-12, pap. de Hollande, br.

> Tiré à 40 exemplaires sur ce papier.

21. La Gastronomie, ou l'homme des champs à table, poème didactique en 4 chants, par J. B*** (Berchoux), avec figure. *Paris*, 1804, in-12, br. — L'Antigastronomie, ou l'homme de ville sortant de table, poème en 4 chants (par G. B. Gouriet). *Paris*, 1806, in-12, fig., d.-rel. — Historiographie de la Table, par C. Verdot. *Paris*, 1833, in-12, br. — Ensemble 3 volumes.

22. Album de la soupe aux choux d'Auvergne (*Paris*, 1881), in-4, br., couverture glacée.

> On trouve dans cet album fantaisiste des pièces de vers des poètes contemporains : Gabriel Marc et Georges Vicaire, ainsi qu'un grand nombre de dessins appliqués à l'art culinaire.

23. Mélanges gastronomiques. — 6 volumes et brochures.

> Entre deux coups de feu, macédoine poétique, par A. Bresson, chef de cuisine. *Paris*, 1873, in-12. — Alexis Transon, de Nantes, charcutier, philosophe et antiquaire, par J. Foulon-Menard, *Nantes*, 1874, br. in-8, port. — Un Souper au XIXe siècle. Lettre à Ch. Monselet, par Ch. Coligny. *Paris*, 1862, br. in-8. — Le Livre des soupes et des potages, par J. Gouffé. *Paris*, 1875, in-18, br. (*Envoi d'auteur*). Etc.

24. Mélanges gastronomiques. — 4 volumes gr. in-18, brochés.

> Les Soupeurs de mon temps, par Roger de Beauvoir. *Paris*, 1868. — La Salle à manger du docteur Véron, par J. D'Arçay. *Paris*, 1868. — Madame est servie, par Emile de Najac. *Paris*, 1874. (*Envoi d'auteur*.) — Avant de quitter la table, causeries du dessert, par X. T. D. *Paris*, 1881.

25. La Vigne. Voyage autour des vins de France. Etude physiologique, anecdotique, historique, hu-

moristique et même scientifique, par Bertall. *Paris*, *Plon*, 1878, gr. in-8, br.

26. Etudes Gambrinales. — Histoire et archéologie de la bière, et principalement de la bière de Strasbourg, par F. Reiber. *Paris*, 1882, in-8, br.

POÉSIE

27. La Danse des morts, composée par H. Hess, d'après les tableaux à fresque qui se trouvaient sur le mur du cimetière de l'église de Saint-Jean à Bâle. *Bâle, s. d.*, in-4, fig., cart.

28. Œuvres complètes de Melin de Saint-Gelays; édition publiée par Prosper Blanchemain. *Paris, Daffis*, 1873, 3 vol. in-16, cart. percaline rouge, n. r.

29. Contes et Nouvelles, par J. de La Fontaine. *Paris, Braulart*, 1835, in-8, fig. et port., d.-rel.

30. Les Muses du foyer de l'Opéra. — Choix des poésies galantes, satyriques et autres, les plus agréables qui ont circulé depuis quelques années dans les sociétés galantes de Paris. *Sur l'édition du Caffé du Caveau (1783). Bruxelles*, 1883, in-8, vignettes et culs-de-lampe, br.

31. La Pipe cassée, poème épitragipoissardihéroïcomique (par Vadé). *Paris, Belin* (1882), in-8, frontispice gravé et vignettes de Mesplès, pap. de Holl., br.

   Suite de vignettes hors texte tirées sur japon.

32. Eloa, ou la sœur des Anges. Mystère, par Alfred de Vigny. *Paris*, 1824, in-8, cart., éb.

   Edition originale. RARISSIME.

33. Morts bizarres, poèmes dramatiques suivis de

poésies ; par Ernest Le Gouvé. *Paris*, 1832, in-12,
d.-rel. v.

Edition originale.

34. Vers, par Emmanuel Arago. *Paris*, 1832, in-8, br.
(*rare*).

35. Auguste Barbier. — Il Pianto, poème ; 3ᵉ édition.
Paris, 1833, in-8, d.-rel. (*Envoi d'auteur*). —
Iambes et poèmes ; 16ᵉ édition. *Paris*, 1865, gr.
in-18, br. — Chez les Poètes, études, traductions
et imitations en vers. *Paris*, 1882, in-8, br. — Ensemble 3 volumes.

On a joint à ces ouvrages trois lettres autographes signées d'Auguste Barbier, dont deux sont particulièrement intéressantes, et
une lettre de M. Edouard Grenier, poète souvent couronné par
l'Académie, contenant des renseignements fort curieux sur l'auteur des *Iambes* et sur ses œuvres posthumes.

36. Douze journées de la Révolution ; poèmes, par
Barthélemy. *Paris*, *Perrotin*, 1835, in-8, d.-rel.

Cet ouvrage de Barthélemy mériterait plus de renom. Il est par
moment admirable d'énergie, c'est une coulée de bronze.
Les douze gravures de Raffet sont admirables aussi.
(*Note de M. Ch. Monselet.*)

37. Napoléon, poème, par Edgar Quinet. *Paris*,
Dupont, 1836, in-8, br.

38. Pensées d'Août, poésies (par Sainte-Beuve). *Paris*,
Renduel, 1837, in-16, cart., éb.

Edition originale.

39. Le Retour de l'Empereur, par Victor Hugo. *Paris*,
Delloye, 1840, in-8 de 30 p., br.

Edition originale.

40. Les Ternaires. Livre lyrique, par A. Brizeux.
Paris, 1841, in-12, d.-rel. — Les Bretons, poème,
par le même. *Paris*, 1845, in-8, d.-rel. — Ensemble 2 volumes.

41. Les Chants d'un oiseau de passage, poésies, par
Alphonse Duchesne. *Paris*, 1845, in-8, port., br.

Envoi d'auteur à M. de Pongerville :
« Ce livre vient au monde où seul je le convie,
« Mais, hélas ! un berceau n'est souvent qu'un cercueil.

« Pour que ce frêle enfant espère un peu de vie,
    « Ne lui ferez-vous pas accueil?
                            « Alphonse DUCHESNE. »

42. Poésies d'Albert Glatigny. — 5 volumes et brochures.

> Pès de Puyane, maire de Bayonne, drame. *Bayonne*, 1868, in-12, br. (*Envoi d'auteur*). — Le fer rouge. Nouveaux Châtiments, 1870 (*Envoi d'auteur*). — Autre exemplaire sur papier vergé, avec frontispice en couleur. — Gilles et Pasquins. *Paris*, 1872. in-16, br. — Le compliment à Molière. *Paris*, 1872, br. in-16 (*Envoi d'auteur*).
> On a joint à ces volumes deux pièces de vers autographes d'Albert Glatigny.

43. J. Poisle Desgranges. — Les Sonnets impossibles, avec 12 eaux-fortes, par A. Taiée. *Paris*, 1873, in-8, pap. de Hollande, br.

> Avec l'envoi suivant à M. Ch. Monselet :
>
>   « S'il veut agréer nos sonnets,
>   « Ce sont des sonnets impossibles,
>   « Nous relirons ses triolets.
>   « S'il veut agréer nos sonnets
>   « Sans couleur vive et sans reflets,
>   « Et qui sont nés non éligibles,
>   « S'il veut agréer nos sonnets.
>   « Ce sont des sonnets impossibles.
>   « Poisle DESGRANGES. »

44. Les Rimes ironiques, poésies nouvelles, par Joséphin Soulary, avec dessins d'Eug. Froment. *Lyon*, *Perrin*, 1877, in-8, pap. vergé, br.

> Envoi autographe signé de l'auteur.

45. Léon Valade. — Nocturnes, poèmes imités de Henri Heine. *Paris*, 1880, in-16, br.

> Envoi d'auteur ainsi conçu :
>
>   « Vieux almanachs, et vieilles lunes,
>   « Qui s'en souvient? Rares fortunes...
>   « Si parfois nous humons ce lait,
>   « C'est grâce à vous, ô Monselet.
>   « Léon VALADE. »

46. Jules Liber. — Les Pantagruéliques. Contes du pays rémois, avec une lettre de Jules Janin. *Paris*, *Marpon*, 1883, in-8 carré, frontispice gravé et vignettes, br.

47. Poètes contemporains. — 6 volumes et brochures.

> Mystères et Fantaisies, par Félix Davin. *Paris*, 1836, in-12, br. —

Mark, poème, par Ausone de Chancel. *Paris*, 1840, in-12, br. — Onyx, par Ch. Coran. *Paris*, 1840, gr. in-18, br. — Crâneries et dettes de cœur, par Amédée Pommier. *Paris*, 1842, in-12, br. — Italiam, poèmes, par Edouard Foussier. *Paris*, 1846, in-12, br. — Un Rêve, ballade, par Alfred de Musset. *Paris*, 1875, br. in-8, papier vergé.

48. Poètes contemporains. — 15 volumes et brochures.

Poésies d'Auguste de Châtillon. — Charles Cros. — Léon Grandet. — Charles Legrand. — André Lemoyne. — Gustave Le Vavasseur. — Gabriel Marc. — Albert Millaud. — L. Rétif de La Bretonne. — Léon Séché. — Léon Valade. — Eugène Vermersch.
La plupart de ces bluettes poétiques sont accompagnées d'envois d'auteurs.

49. Le Tombeau de Théophile Gautier (poésies). *Paris*, *Lemerre*, 1873, pet. in-4, pap. vergé, port., br.

50. Poésies populaires en langue française, recueillies dans l'Armagnac et l'Agenais, par J. F. Bladé. *Paris*, 1879, in-8, pap. vergé, br.

51. Charles Guillon. — Chansons populaires de l'Ain, préface de Gabriel Vicaire, illustrations de L. Barillot, Beauverie, etc. 12 gravures hors texte. *Paris*, 1883, gr. in-8, pap. de Hollande, br.

52. Les Mois à la mode, ou l'An des plaisirs. Almanach. *Paris* (1789), in-24, fig., mar. rouge, tr. dor. — Apologie de la tendresse, ou le pouvoir de l'amitié. Almanach. *Paris* (1792), in-24, texte gravé, fig., mar. rouge. — Ensemble 2 vol.

Le dernier almanach est en assez mauvais état.

53. Le Chanteur parisien, recueil des chansons de L. A. Pitou, dit le Chanteur, auteur du Voyage à Cayenne. *Paris*, *Pitou*, 1808, in-18, dem.-rel.

Exemplaire de *Viollet-Le-Duc*. Depuis la *Fille de madame Angot*, les œuvres d'Ange Pitou sont à la mode.

54. Le Chansonnier de la mère Radis, ou les Goguettes de la Villette et des faubourgs, rédigé par l'un des secrétaires intimes de Cadet Buteux. *Paris* (1816), in-18, fig., br.

Rare et curieux chansonnier parisien.

THÉATRE

—

HISTOIRE DU THÉATRE. — THÉATRES DE PARIS ET DE PROVINCE. — ARTISTES DRAMATIQUES

55. Gautier (Théophile). — Histoire de l'art dramatique depuis vingt-cinq ans. *Paris, Hetzel*, 1859, 6 volumes in-18, br.

   Epuisé.

56. Théodore Muret. — L'Histoire par le Théâtre (1789-1851). *Paris, Amyot*, 1865, 3 vol. in-12, br.

57. Le Théâtre, par Charles Garnier. *Paris, Hachette*, 1871, in-8, br. (*Envoi d'auteur.*) — Etude sur la mise en scène, par Emile Perrin. *Paris*, 1883, in-8, br. (*Envoi d'auteur.*) — Ensemble 2 volumes.

58. De l'origine du Théâtre à Paris, par Paul Milliet, frontispice, par F. Lucas. *Paris, Jouaust*, 1870, in-16, pap. vergé, br. — Histoire du Théâtre en France, des origines au Cid (1398-1636), par B. Pifteau et Julien Goujon. *Paris, Willem*, 1879, 2 vol. in-16, pap. vergé, br. — Ensemble 3 volumes.

59. THÉATRE. — 3 volumes in-12, brochés.

   Histoire de la Censure théâtrale en France, par V. Hallays-Dabot. *Paris*, 1862. — La Censure dramatique et le Théâtre, par le même. *Paris*, 1871. — La Langue théâtrale; vocabulaire historique, descriptif et anecdotique des termes et des choses du théâtre, par Alfred Bouchard. *Paris*, 1878.

60. Théâtre. — 5 volumes in-8, brochés et reliés.

   Etudes sur l'Art théâtral, suivies d'anecdotes inédites sur Talma, par Madame veuve Talma. *Paris*, 1836. — La Comédie-Française depuis 1830, ou résumé des événements survenus à ce théâtre depuis cette époque jusqu'en 1841, par Eugène Laugier. *Paris*, 1844. — De l'Influence des mœurs sur la comédie. Discours suivi de deux Etudes sur les rôles du Misanthrope et du Tartuffe, par Adrien Perlet. *Paris*, 1848. — Le Théâtre-Français. Monument et dépendances, par Charles Maurice. *Paris*, 1860. — Epaves. — Théâtre. — Histoire. — Anecdotes. — Mots; par Charles Maurice. *Paris*, 1865.

61. Les Spectacles de Paris, ou calendrier des théâtres. *Paris*, 1791, in-32, v., tr. dor. — Almanach pour l'an X, contenant une notice sur chacun des théâtres de Paris. *Paris*, 1801, in-18, br. — Vérités à l'ordre du jour, ou nouvelle critique raisonnée des théâtres de Paris. *Paris*, 1798, in-12, frontispice, br. — Ensemble 3 volumes.

62. Le Monde dramatique. Revue des spectacles anciens et modernes. *Paris*, 1835-1838; 4 années formant 2 volumes gr. in-8, dem.-rel.

Curieux journal, fondé par Gérard de Nerval, et le Groupe littéraire et artistique de son époque. Il renferme de nombreux documents biographiques, des pièces de théâtre originales ou traduites, des dissertations littéraires. etc. Ce recueil est orné d'une grande quantité de vignettes, portraits d'acteurs, de gens de lettres, vues de théâtres et de décorations, costumes, etc. Célestin Nanteuil et d'autres artistes de l'Ecole romantique ont largement contribué à l'ornementation de ce recueil. Notre exemplaire provient de la collection de mademoiselle Georges.

63. Le Musée de la Comédie-Française, par René Delorme. *Paris*, 1878, in-4, br.

64. Journal intime de la Comédie-Française (1852-1871), publié par Georges d'Heylli. *Paris, Dentu*, 1879, in-12, br. — La Comédie-Française à Londres (1871-1879). Journal inédit de E. Got. — Journal de F. Sarcey, publiés par Georges d'Heylli. *Paris*, 1880, in-12, pap. vergé, br. — Ensemble 2 volumes.

65. Théâtres. — 2 volumes et 3 brochures.

Les Petits Mystères de l'Opéra, par Albéric Second, illustrations par Gavarni. *Paris*, 1844, in-8, d.-rel. — Histoire du Théâtre-Royal de l'Opéra-Comique, par Emile Solié; 1847, br. in-12. — Notice sur l'Opéra-National, par le même; 1847, br. in-12. — Petites Archives des théâtres de Paris. Souvenirs de dix ans; 1865, br. in-12. — Mémorial du Théâtre-Lyrique, par Albert de Lasalle; 1877, in-8 carré. (*Envoi d'auteur.*)

66. Foyers et Coulisses. — Histoire anecdotique de tous les théâtres de Paris, avec photographies (par H. Buguet). *Paris, Tresse*, 1873-75, 10 livraisons in-32, br.

Envoi d'auteur et lettre du même ajoutée.

67. Théâtres. — 5 volumes in-18 et in-32, brochés.

Histoire des petits théâtres de Paris depuis leur origine, par Brazier. *Paris*, 1838, 2 vol. — Histoire des Bouffes-Parisiens, par Albert de Lasalle; 1860 (*Envoi d'auteur*). — Histoire des Délassements-Comiques, par deux habitants de l'endroit; 1862. — Les petits mystères de l'École-Lyrique (par Félix Savard); 1862 (*Envoi d'auteur*).

68. Deburau. Histoire du théâtre à quatre sous, pour faire suite à l'histoire du Théâtre-Français (par Jules Janin); 2ᵉ édition. *Paris*, *Gosselin*, 1832, 2 part. en 1 vol. in-12, port., front. et vign., d.-rel.

69. Le Cirque Olympique, ou les exercices des chevaux de MM. Franconi, du cerf Coco, du cerf Azor, de l'éléphant Baba, du cheval aéronaute, etc. *Paris*, 1817, in-12, broché; orné de 15 gravures en taille-douce, bistre, très curieuses, par Dugourt, dessinateur de la Chambre du roi.

70. Galerie historique des comédiens français de la troupe de Voltaire, gravés à l'eau-forte, sur des documents authentiques, par Henri Lefort, avec des détails biographiques sur chacun d'eux, par E. D. de Manne. *Lyon*, *Scheuring*, 1877, in-8, pap. teinté, br.

71. Galerie historique de la Comédie-Française pour servir de complément à la troupe de Talma, par E. D. de Manne et C. Menetrier, ornée de portraits gravés à l'eau-forte par M. Fugère. *Lyon*, *Scheuring*, 1876, in-8, pap. teinté, br.

72. Galerie historique des acteurs français, mimes et paradistes qui se sont rendus célèbres dans les annales des scènes secondaires depuis 1760 jusqu'à nos jours, pour servir de complément à la troupe de Nicolet, par D. de Manne et C. Menetrier, ornée de portraits gravés à l'eau-forte par Fugère. *Lyon*, *Scheuring*, 1877, in-8, pap. teinté, br.

73. Gaston Escudier. — Les Saltimbanques. Leur vie, leurs mœurs. 500 dessins à la plume, par de Crauzat. *Paris*, *Lévy*, 1875, in-8, br.

74. Edmond et Jules de Goncourt. — Les Actrices. *Paris*, 1856, in-64, br. — La Lorette, vignette par

Gavarni. *Paris, s. d.,* in-64, dem.-rel., éb. Ensemble 2 volumes. (*Rares.*)

75. Fiorentino. — Comédiens et Comédiennes (1re et 2e séries). *Paris,* 1866-67, 2 vol. — Alexandre Dumas. — Souvenirs dramatiques. *Paris,* 1868, 2 vol. — Ensemble 4 vol. gr. in-18, brochés.

76. Paul Mahalin. — Les jolies actrices de Paris (1re et 2e séries). *Paris,* 1878-79, 2 vol. gr. in-18, br.

Envoi d'auteur et lettre autographe du même ajoutée.

77. Molière et sa troupe, par H. A. Soleirol. *Paris,* 1858, in-8, port., br.

78. Molière musicien, notes sur les œuvres de cet illustre maître, par Castil-Blaze. *Paris,* 1852, 2 vol. in-8, br.

79. Etudes sur Molière, par Cailhava. *Paris,* 1802, in-8, cart. — Holberg considéré comme imitateur de Molière. Thèse, par A. Legrelle. *Paris,* 1864, in-8, br. — Molière et la Comédie italienne, par Louis Moland, ouvrage illustré de vingt vignettes. *Paris,* 1867, in-8, br. — Etudes sur la vie et les œuvres de Molière, par Ed. Fournier, revues et mises en ordre par Paul Lacroix. *Paris,* 1885, in-12, rel. en chagr. rou., tr. dor. — Ensemble 4 volumes.

80. Ouvrages relatifs à Molière, 8 volumes reliés et brochés.

Moliérana ou recueil d'aventures, anecdotes de Poquelin de Molière, par C... d'Aval (Cousin d'Avallon). *Paris,* 1801, in-16, d.-rel. — Dictionnaire de morale et de littérature, par Molière. *Paris,* 1838, in-12, br. — Almanach de tout le monde, contenant l'histoire de la vie populaire de Molière, par Hippolyte Lucas. *Paris,* (1844), in-12, d.-rel. — La Jeunesse de Molière, par le bibliophile Jacob. *Paris,* 1859, in-16, br. — Molière et Scribe, par d'Epagny. *Paris,* 1865, in-12, br. — Molière et Bossuet, par H. de Lapommeraye. *Paris,* 1877, in-12, br., etc.

81. Pièces relatives à Molière. — 7 brochures.

Histoire des pérégrinations de Molière dans le Languedoc, d'après des documents inédits (1642-1658), par Emmanuel Raymond. *Paris,* 1858, in-12. — La famille de Molière était originaire de Beauvais.

— Notes publiées par M. Mathon. *Paris*, 1877, in-8, port. — La
Troupe de Molière à Agen, d'après un document inédit, par M. A.
Magen. *Paris*, 1877, in-8, pap. vergé (*Envoi d auteur*). — La Re-
lique de Molière du cabinet du baron Vivant Denon, par M. Ulric
Richard-Desaix. *Paris*, 1880, in-8, port. — Le Médecin volant de
Molière à Pézenas, par A. Baluffe. *Paris*, 1881, port. — Un portrait
de Molière en Bretagne. Etude sur quelques comédiens farceurs
et bouffons français et italiens au XVII° siècle, par le baron de
Wismes. *Nantes*, *s. d.*, in-8 (Lettre autographe signée de l'auteur,
ajoutée).

82. La vie de Scaramouche, par le sieur Angelo Cons-
tantini, comédien ordinaire du roi dans sa troupe
italienne sous le nom de Mézetin. *Paris*, 1695,
in-12, fig., dem.-rel. — Scaramouche et Pascariel,
comédie en un acte, en vers, par Michel Carré. *Pa-*
ris, 1847, in-16, br. — La vie de Scaramouche, par
Mézetin. Réimpression de l'édition originale (1695),
avec une introduction et des notes, par Louis Moland, et un portrait d'après Bonnart, par Eugène
Gervais. *Paris, Bonnassies*, 1876, in-8, pap. vergé,
br. — Les Caravanes de Scaramouche, par Emmanuel Gonzalès, avec une préface de Paul Lacroix.
Paris, 1881, in-12 carré, texte encadré, br. — Ensemble 4 volumes.

83. Artistes dramatiques. — 4 volumes et une brochure.

Mademoiselle Mars. Notice biographique, avec un autographe.
Paris, 1847, br. in-12. — Les theâtres en robe de chambre, par
Yveling Rambaud et E. Coulon.—Les Comédiens. *Paris*, 1866, fig.,
gr. in-18, fig. br. — Mémoires de Laferrière. *Paris*, 1876, 2 vol. gr.
in-18 br. (*Envoi d'auteur*). — Marie Dorval (1798-1849). Documents
inédits, — biographie, — critique et bibliographie (par E. Coupy).
Paris, 1868, in-12, br.

84. Frédérick-Lemaître et son temps (1800-1876), par
Georges Duval, eau-forte de Gonzague-Privat. *Pa-*
ris, 1876. — Souvenirs de Frédérick-Lemaître, publiés par son fils. *Paris*, 1880, port. Ensemble 2 vol.
gr. in-18, brochés.

On a joint au premier volume une lettre autographe du célèbre
acteur.

85. L'Art théâtral, par Samson, de la Comédie-Française, orné de portraits photographiques (Première
partie). *Paris*, 1863, in-8, br. (*Envoi d'auteur.*) —
Mémoires de Samson, de la Comédie-Française, avec

un portrait dessiné par G. Jacquet. *Paris*, 1882, in-8, pap. vergé, br. — Ensemble 2 volumes.

86. Artistes dramatiques. — 5 vol. gr. in-18, brochés.

Desclée. biographie et souvenirs, par Emile de Molènes. *Paris*, 1874, port. — Virginie Déjazet, par Georges Duval. *Paris*, 1876, port. — Bouffé. — Mes Souvenirs (1800-1880); portraits à l'eau-forte. *Paris*, 1880. — G. Roger. — Le Carnet d'un ténor. *Paris*, 1880, port. — G. Duprez. — Souvenirs d'un chanteur. *Paris*, 1880.

87. Les Origines du théâtre de Lyon ; mystères, farces et tragédies, troupes ambulantes Molière, avec fac-similé, notes et documents, par C. Brouchoud. *Lyon, Scheuring*, 1865, in-8, pap. vergé, br.

88. Almanach des théâtres de Bordeaux, pour l'année 1807, par un amateur. *Bordeaux* (1807), in-24, br.

Rare, surtout à Bordeaux.

89. Histoire du Théâtre français en Belgique, depuis son origine jusqu'à nos jours, par M. Frédéric Faber. *Bruxelles et Paris*, 1878-1880, 5 vol. in-8, front. grav. par Hillemacher, br.

POESIE DRAMATIQUE

—

90. Œuvres complètes de Molière, revues sur les textes originaux, par M. Louis Moland. *Paris, Garnier*, 1863-64, 7 vol. in-8, br.

91. Les Œuvres de Molière avec notes et variantes par A. Pauly. *Paris, Lemerre*, 1872-1874, 8 vol. — Molière, sa vie et ses œuvres, par J. Claretie. *Paris, Lemerre*, 1873, 1 vol. — H. Lavoix. La première représentation du Misanthrope. *Paris, Lemerre*, 1877, 1 vol. Ensemble 10 vol. in-12, pap. vergé, br.

Le volume de M. Claretie est en papier ordinaire.

92. Molière. — L'Amour médecin, édition originale. Réimpression textuelle par les soins de Louis Lacour. *Paris*, 1866, in-12, br. — Complément des

œuvres de Molière. — Le Docteur amoureux, pièce inédite de Molière en un acte, en prose, publiée par Ernest de Calonne. *Paris*, 1862, in-12, br. — Comédies de Molière arrangées pour être jouées par des jeunes gens. *Paris, s. d.*, in-32, br. — Ensemble 3 volumes.

93. Pièces de théâtre et A-Propos dont Molière est l'objet. — 17 pièces publiées de 1804 à 1881, par Andrieux, Bayard et Romieu, Merle et Desessarts, Jean Aicard, Coppée, Edouard Fournier, Ernest d'Hervilly, Alexis Martin, Alphonse Pagès, Félix Pellion, Aristide Roger, Léon Valade, Raymond Brucker, Mercier.

Quelques-unes de ces pièces portent des envois d'auteurs.

94. Editions Cazin. — 7 volumes in-32, v., fil., tr. dor.

Théâtre de Regnard ; 1784, 4 vol., port. — Choix de pièces de théâtre de Brueys et Palaprat ; 1787, 1 vol., port. — Choix de pièces de théâtre de La Noue ; 1787, 1 vol.

95. Théâtre des Boulevards, ou recueil de parades (par Collé, de Sallé, Piron et autres). Mahon (*Paris*), 1756, 3 vol. in-12, frontispice gravé, v. m.

96. Théâtre des Boulevards, réimprimé pour la première fois, et précédé d'une notice par G. d'Heylli. *Paris, Rouveyre*, 1881, 2 vol. pet. in-12, front. gr., pap. vergé, br.

97. Mercier. — Montesquieu à Marseille, pièce en trois actes. *Lausanne*, 1784, in-8, v. m.

98. L'Auberge des Adrets, mélodrame en trois actes, de Benjamin, Saint-Amand et Paulyanthe, 2ᵉ édition. *Paris*, 1823, in-8, avec une fig. représentant Frédéric et Firmin dans leurs rôles, dem.-rel., v. f.

Le type de Robert-Macaire est ici tout différent (Paulyanthe dessinateur) de celui qui a été définitivement fixé par Daumier.

99. Antony, drame en cinq actes, en prose, par Alexandre Dumas. *Paris*, 1831, in-8, br. r.

Première édition. Portrait de Bocage ajouté.

100. Théâtre de Victor Hugo contenant : 1° Lucrèce Borgia. *Paris, Renduel*, 1833; 2° édition, vignette sur chine, par Célestin Nanteuil. — 2° Le Roi s'amuse; 3° édition. *Paris, Renduel*, 1833, vignette sur chine, par Tony Johannot. — 3° Marie Tudor; 3° édition. *Paris, Renduel*, 1833, vignette-frontispice sur chine, de Célestin Nanteuil. — 4° Marion De Lorme ; 3° édition. *Paris, Renduel*, 1831. Ensemble 2 vol. in-8, d.-rel.

101. Un Bourgeois de Rome, comédie en prose, par O. Feuillet. *Paris*, 1845, in-18, br.

> Edition originale. Rare. Cette pièce est le début d'Octave Feuillet dans la carrière littéraire. Elle n'a jamais été réimprimée.

102. L'Univers et la Maison, comédie en cinq actes et en vers, par Méry. *Paris*, 1846, in-8, d.-rel.

> Envoi d'auteur.

103. Gérard de Nerval. — La Forêt Noire. Manuscrit autographe de 16 pages petit in-4, cart.

> Ce manuscrit, entièrement écrit de la main de Gérard de Nerval, renferme le scénario d'un drame qu'il devait faire en collaboration avec M. Monselet. Ce projet, comme tant d'autres rêves du pauvre Gérard, ne fut jamais réalisé.

104. La Vie de Bohème, pièce en cinq actes, par Théodore Barrière et Henri Murger (*Paris*, 1849), in-18, dem.-rel. v.

> Envoi autographe signé de Henry Murger.

105. Théâtre impossible, par Edmond About. *Paris*, 1862, in-12, br.

> Envoi autographe signé de l'auteur.

106. Louis Bouilhet. — La Conjuration d'Amboise, drame en cinq actes en vers. *Paris*, 1867, in-8, br.

> Edition originale. Envoi autographe signé de l'auteur.
> On a joint à cet exemplaire une lettre autographe signée de Gustave Flaubert, 2 pages in-8, contenant des détails intéressants sur les œuvres dramatiques publiées et inédites de son ami Bouilhet.

107. Corneille à la butte Saint-Roch, comédie en vers, précédée de notes sur la vie de Corneille, d'après des documents nouveaux, par Edouard Fournier. *Paris*, 1862, gr. in-18, fig., pap. vergé, br. — La

Vieillesse de Corneille, poésie, par Albert Delpit. *Paris*, 1877, br. gr. in-18. — Le Fils de Corneille, à-propos en vers, par Paul Delair. *Paris*, 1881, br. gr. in-18 (*Envoi d'auteur*). — Henri de Bornier. — La politique dans Corneille. *Paris, s. d.*, gr. in-18, br. (*Envoi d'auteur*). Ensemble 1 volume et 3 brochures.

108. Pièces de théâtre. — 6 volumes et brochures in-18.

Ernest Feydeau. — Un Coup de bourse. Etude dramatique ; 1868. — Le Docteur Bourguibus. comédie en vers, par Edmond Cottinet ; 1874 (*Envoi d'auteur*). — François Coppée. — Le Luthier de Crémone, comédie en vers ; 1876 (*Envoi d'auteur*). — Gabriel Marc. — Quand on attend !... comédie en vers (*Envoi d'auteur*). — Un Grand Homme qu'on attend, comédie en vers, par Joséphin Soulary ; 1879. — La Lune rousse, comédie en prose, par J. Soulary ; 1880.

ROMANS, CONTES ET NOUVELLES

109. Manon Lescaut, par l'abbé Prévost, préface par Alexandre Dumas fils. *Paris, Glady*, 1875, in-8, port. et fig., pap. Turkey-Mill, br. Edition de luxe.

110. Les Lauriers ecclésiastiques, ou campagnes de l'abbé de T***. *Luxuropolis, de l'Imprimerie ordinaire du Clergé*, 1748, in-12, v. m.

Par La Morlière. Plus libre qu'Angola, mais de moindre valeur. (*Note de M. Ch. Monselet.*)

111. Les Veillées du Marais, ou histoire du grand prince Oribeau, roi de Mommonie, et de la princesse Oribelle de Lagenie, par Nicolas Donneraill, du comté de Korke (par Restif de la Bretonne). *Imprimé à Waterford (Paris)*, 1786, 4 part. en 2 vol. in-12, v.

Traduction supposée. Restif regardait son livre comme très propre à diriger l'éducation d'un prince destiné au trône. Cet ouvrage a été reproduit sous ce titre : *Institution d'un prince royal. Paris*, 1791, 4 vol. in-12.

112. Histoire des compagnes de Maria, ou Episodes

de la vie d'une jolie femme. Ouvrage posthume de Restif de la Bretonne (publié par Cubières-Palmezeaux). *Paris*, 1811, 3 vol. in-12, cart., éb.

113. Jacques le fataliste et son maître, par Diderot. *Paris*, 1797, 4 vol. in-18, fig., v.

Edition curieuse, portant bien le cachet de l'époque. Gravures caractéristiques. (*Note de M. Ch. Monselet.*)

114. Lettres de M. de Fronsac, fils du duc de Richelieu, au chevalier Dumas, ou son Histoire de quelques mois à la cour de Russie, publiées (ou plutôt composées) par **V. R.** Barbet. *Paris, Michelet*, 1801, 2 vol. in-12. fig., d.-rel.

Ouvrage incroyable. imprimé par le père de Michelet, notre grand historien. Plein de détails curieux sur la cour de Russie pendant l'émigration, à travers mille dévergondages.
La vignette qui accompagne ce volume est charmante. (*Note de M. Ch. Monselet.*)

115. Les Folies du marquis de Brunoy, ou ses mille et une extravagances. *Paris*, 1804, 2 vol. in-12, fig., cart., éb.

Le marquis de Brunoy, fils du célèbre financier Pâris de Montmartel, est un personnage bizarre, connu par ses prodigalités nombreuses et par son goût singulier pour les cérémonies religieuses qui causèrent sa ruine et son interdiction.

116. Mémoires d'un vieillard de 25 ans, par Louis-Julien de Rochemond. *Hambourg*, 1809, 5 tomes en 2 vol. in-12, d.-rel. v.

Peu connu, et cependant très monté de ton. Dans le genre des romans de Desforges, à qui je l'attribuerais volontiers. (*Note de M. Ch. Monselet.*)

117. La Confession, par l'auteur de l'Ane mort et la Femme guillotinée (Jules Janin), 2e édition. *Paris*, 1830, in-12, d.-rel. v.

Avec la jolie gravure à l'eau-forte d'Alfred Johannot, recommandée par Asselineau.

118. Atar-Gull, par Eugène Sue. *Paris*, 1831, 2 vol. in-8, vignettes d'Henri Monnier, d.-rel.

Première édition.

119. La Salamandre, roman maritime, par Eugène Sue, 3e édition. *Paris, Renduel*, 1832, 2 vol. in-8, vignettes de Tony Johannot, cart.

120. La Coucaratcha, par Eugène Sue, 2ᵉ édition. *Paris, Urbain Canel et A. Guyot*, 1832, 2 vol. in-8, br., couv. impr.

121. La Résurrection, par Raban. *Paris*, 1832, 4 vol. in-12, d.-rel.

> On a joint à cet exemplaire une lettre autographe signée de l'auteur, en date du 23 mai 1832, formant 3 pages in-4 et adressée à M. Ch. Monselet. Cette lettre est une véritable curiosité littéraire dont nous extrayons le passage suivant : « A cette place « même du journal où vous essayez de jeter sur lui un souvenir « de ridicule commisération, Raban, — saluez, s'il vous plaît, — « Raban publiait, il y a quelques années à peine, des nouvelles « faisant concurrence, — concurrence peu redoutable, sans doute, « — aux prodigieux romans d'Alexandre Dumas. »
> Le pauvre vieux Raban, qui défendait si vigoureusement son Ecole, a cependant oublié, dans sa lettre, de rappeler le fait suivant : C'est que Napoléon, revenant de sa désastreuse campagne de Russie, lisait, en chaise de poste, *la Résurrection* que nous venons de cataloguer. Voilà donc Raban suffisamment vengé de ses contradicteurs.

122. La Table de nuit. Equipées parisiennes, par Paul de Musset. *Paris, Renduel*, 1832, in-8, vign. sur le titre, d.-rel.

123. Madame Dorvigny ou les amours d'un colonel de cavalerie, par Dupouy. *Paris*, 1833, 2 vol. in-8, br.

> Histoire d'une hermaphrodite. Le libraire Barraud, qui n'avait jamais voulu me céder cet ouvrage de son vivant, et après la mort de qui je l'ai acheté, m'a souvent dit que c'était le joyau de sa collection intime. (*Note de M. Ch. Monselet.*)

124. Un Bon Enfant, par Paul de Kock. *Paris*, 1833, 2 vol. in-8, d.-rel.

> Envoi d'auteur à Th. Cogniard.

125. Thadéus le ressuscité, par Michel Masson et Auguste Luchet. *Paris*, 1833, 2 vol. in-8, br.

> Première édition.

126. Ainsi soit-il, histoire du cœur, par Alphonse Brot. *Paris, Hippolyte Souverain*, 1833, in-8, vign. sur chine, d.-rel.

127. Romantiques. — 5 volumes in-8, brochés, et une brochure.

> Maritalement parlant, par MM. de Cobentzell (Emile Bouchery); 1834. — Ma Veillée sur la fosse d'Annette, par J. C. Sol; 1835,

front. lith. — Jules, par l'auteur de **Charette** (Bergounioux): 1835.
— Tribaldo, par Eugène Pelletan ; 1839. — Caressa (par Xavier
Forneret). *Paris*, 1858. — Le volume d'Eugène Pelletan est introuvable.

128. Le Chemin de traverse, par Jules Janin, 3ᵉ édition. *Paris, Dupont*, 1836, 2 vol. in-8, port., cart., éb.

129. Perruque et Noblesse. — Fatalité en trois parties (par A. Bonnardot). *Paris*, 1838, in-8, br.

Volume rare, dont l'auteur est devenu plus tard un bibliophile et un archéologue de mérite.

130. Etudes de mœurs. — La Clef des champs, par Eugène Labiche. *Paris, Gabriel Roux*, 1839, in-8, br., couv. impr.

Début littéraire du spirituel académicien ; c'est le seul roman qu'il ait publié. TRÈS RARE.

131. Le Chevalier de Saint-Georges, par Roger de Beauvoir. *Paris, Delloye*, 1840, 4 vol. in-12, fig., br.

132. Scènes de la Bohême, par Henry Murger, 2ᵉ édition. *Paris*, 1851, gr. in-18, d.-rel.

Envoi d'auteur. On a joint à cet exemplaire une très curieuse lettre autographe signée d'Henry Murger, adressée à Albert Glatigny (2 pages in-8). Ce volume porte en outre, sur un feuillet de garde, la note suivante de M. Ch. Monselet :
« Je joins à cet exemplaire une lettre très intéressante de Murger à Glatigny, et, qu'après réflexions, il paraît n'avoir pas envoyée. Il y donne des conseils très avisés à l'auteur des *Vignes folles*, et même un peu bourgeois.
« Le mot mélancolique de la fin : « Ne prodiguez pas mon adresse », est particulièrement touchant pour qui a connu Henry Murger.

« CH. MONSELET. »

133. Henry Murger. — Scènes de campagne. — Adeline Protat. *Paris, Lévy*, 1853, in-18, br.

Première édition. Envoi d'auteur.

134. Gustave Flaubert. — Madame Bovary. *Paris, Michel Lévy*, 1857, 2 vol. gr. in-18, br.

Edition originale, à pagination suivie.

135. Le roman du Chaperon-Rouge : scènes et fantaisies, par Alphonse Daudet. *Paris, Michel Lévy*, 1862, in-12, br.

Première édition.

136. La Seconde Vie, par X. B. Saintine. *Paris, Hachette*, 1864, in-8, br.

> Envoi d'auteur.

137. Contes à rire et aventures plaisantes, ou Récréations françaises. Nouvelle édition, revue et corrigée, avec préface par Chassant. *Paris, Belin*, 1881, pet. in-8 carré, pap. Wathman, frontispice gravé, br.

138. Petits Conteurs du XVIIIe siècle. — Contes de l'abbé de Voisenon, de l'Académie française. *Paris, Quantin*, 1878. — Contes Dialogues de Claude-Prosper Jolyot de Crébillon, censeur royal. *Paris, Quantin*, 1879. Ensemble 2 vol. in-8 carré, pap. vergé, portraits, br.

139. Contes bruns, par une (tête à l'envers, vignette de Tony Johannot; auteurs : MM. de Balzac, Ch. Rabou et Philarète Chasles). *Paris, Urbain Canel et Ad. Guyot*, 1832, in-8, d.-rel. mar. rouge, dor. en tête.

140. Mis de Chennevières. — Contes de Saint-Santin. — Illustrations de Léonce Petit. *Paris, Plon*, 1881, in-8, br.

141. Nouvelles diverses, par Edouard Ourliac. *Paris*, 1844, in-12, d.-rel. chag.

> Envoi d'auteur à son cher ami Alfred Asseline. Ceux qui connaissent les petits détails de l'histoire littéraire de notre temps, comprendront l'intérêt et la valeur de cette dédicace.

142. Les Mille et un jours, contes persans, traduits en français par Pétis de La Croix, suivis de plusieurs autres recueils de contes. Nouvelle édition, accompagnée de notes, par A. Loiseleur-Deslongchamps. *Paris*, 1840, gr. in-8, chag., tr. dor.

VOYAGES. — HISTOIRE

143. Mémoires d'un Touriste, par l'auteur de *Rouge et Noir* (Henry Beyle). *Paris, Dupont*, 1838, 2 vol. in-8, d.-rel.

Première édition.

144. L'Eté à Bade, par Eugène Guinot, illustré par Tony Johannot, Eugène Lami, Français et d'Aubigny; 3e édition. *Paris, Bourdin, s. d..* gr. in-8. rel. chag., tr. dor.

145. Th. Gautier. — Italia. *Paris, Victor Lecou*, 1852, in-12, br.

Edition originale.

146. Ch. Asselineau. — L'Italie et Constantinople, frontispice par Célestin Nanteuil. *Paris, Lemerre*, 1869, in-18, br.

Envoi d'auteur.

147. Savoie et Piémont. Causeries franco-italiennes, par Félix Platel (Etienne Pall.). *Paris*, 1858, in-8, br. (*Envoi d'auteur.*)

Epuisé. M. Platel, qui a passé un instant par la Bibliothèque Mazarine, est l'écrivain qui signe aujourd'hui *Ignotus* au *Figaro*. Baron et membre du conseil général de la Loire-Inférieure.

148. Docteur J. Crevaux. —Voyage dans l'Amérique du Sud, avec 253 gravures sur bois, cartes et fac-similé. *Paris*, 1883, gr. in-4, br.

149. Le Vieux-Neuf, histoire ancienne des inventions et découvertes modernes, par Edouard Fournier. *Paris*, 1877, 3 vol. in-12, br.

On a joint à cet exemplaire une lettre de l'auteur. Le premier volume porte en outre un envoi.

150. Les grandes Époques de la France, des Origines à la Révolution, par MM. Hubault et Marguerin; illustrations par Godefroy Durand. *Paris*, 1868, gr. in-8, br.

151. Le Roi chez la Reine, ou histoire secrète du mariage de Louis XIII et d'Anne d'Autriche, par Armand Baschet. 2ᵉ édition augmentée d'un nombre important de curieux documents. *Paris, Plon*, 1866, in-8, br.

> Envoi d'auteur.

152. Une famille de finance au XVIIIᵉ siècle. Mémoires, correspondances et papiers de famille réunis et mis en ordre, par M. Adrien Delahante. *Paris, Hetzel*, 1881, 2 vol. in-8, portraits, br.

153. Madame de Pompadour, général d'armée, par H. Bonhomme. *Paris, Charavay frères* (1880), in-32, front. gr., pap. de Hollande, br.

154. Almanach du Père Gérard, pour l'année 1792, orné de 12 figures en taille-douce, par J. Collot-d'Herbois. *Paris*, 1792, in-12, cart.

155. Histoire de la Société française pendant la Révolution, par Edmond et Jules de Goncourt. *Paris*, 1854, in-8, dem.-rel. v. f.

> Envoi autographe signé des auteurs.

156. Histoire de la Société française pendant le Directoire, par Edmond et Jules de Goncourt. *Paris*, 1855, in-8, dem.-rel. v. f.

> Envoi autographe signé des auteurs.

---

157. L'évêque Gozlin, ou le Siège de Paris par les Normands. *Paris*, 1832, 2 vol. in-8, d.-rel.

> Attribué à Amaury-Duval. Ne manque ni d'esprit, ni d'imagination, ni d'érudition. Vignettes curieuses sur les titres. (*Note de M. Ch. Monselet.*)

158. Petite chronique de Paris, faisant suite aux Mémoires de Bachaumont (par Ourry et Sauvan). *Paris*, 1818-1819, 2 vol. in-12, d.-rel.

159. Les Belles Femmes de Paris, par des hommes de lettres et des hommes du monde. — Première

série. *Paris*, 1839, in-8, front. et port., rel. en étoffe gaufrée.

De la bibliothèque du poète catholique et breton Edouard Turquety. Reliure gaufrée particulière à presque tous les livres de sa bibliothèque.

Quelques portraits manquent. Il est très difficile, d'ailleurs, de rencontrer un exemplaire bien complet des *Belles Femmes de Paris*. (*Note de M. Ch. Monselet.*)

160. Auguste Villemot. — La Vie à Paris, chroniques du Figaro, précédées d'une étude sur l'esprit en France à notre époque, par P. Stahl. *Paris, Hetzel*, 1858, 2 vol. gr. in-18, br. (*Epuisés.*)

161. Edouard Gourdon. — Le bois de Boulogne. — Illustrations d'Edmond Morin. *Paris*, 1861, in-8, chag. rouge, tr. dor.

162. A. Delvau. — Les Cythères parisiennes, histoire anecdotique des bals de Paris, avec 24 eaux-fortes et un frontispice de Rops et Thérond. *Paris, Dentu*, 1864, in-18, br.

Envoi d'auteur à Ch. Monselet : « *Un de ses oubliés — ou dédaignés. Alfr. Delvau.* »

163. Histoire anecdotique des barrières de Paris, par A. Delvau, avec 10 eaux-fortes, par Em. Thérond. *Paris, Dentu*, 1865, in-18, br.

Envoi d'auteur et lettre du même ajoutée.

164. A. Delvau. — Les Heures parisiennes. — 25 eaux-fortes, d'Emile Benassit. *Paris, Marpon*, 1882, in-16 carré, br.

165. Paris et Versailles il y a cent ans, par Jules Janin. *Paris, Didot*, 1874, in-8, port., br.

166. BORDEAUX, 4 volumes et brochures.

Lettre d'une femme aux auteurs des Bordelais en 1845. *Bordeaux*, 1845, br. in-8. — Histoire de Bordeaux pendant le règne de Louis XVI, par Ribadieu. *Bordeaux*, 1853, in-8, br. — Le Train de Bordeaux. Voyage dans le passé, par Louis Lurine. *Paris*, 1854, in-12, br. (*Rare.*) — Le Théâtre à Bordeaux. Etude historique, par Hippolyte Minier. *Bordeaux*, 1883, in-8, br.

167. Proverbes et devinettes populaires, recueillis dans l'Armagnac et l'Agenais, par J. F. Bladé. —

Texte gascon et traduction française. *Paris*, 1880,
in-8, br.

168. La sainte association pour honorer les S. S. Anges, établie en l'église des P. P. Jésuites, par l'au-
torité de l'évêque de Quimper. *A Quimper*, 1757,
in-18, mar. r., fil., tr. dor. (*anc. rel.*).

D'une haute curiosité comme fanatisme.

BIBLIOGRAPHIE. — BIOGRAPHIE

—

169. Bibliographie des Bibliographies, par Léon
Vallée. *Paris*, 1883, gr. in-8, br.

170. Joannis Guigard. — Armorial du bibliophile,
avec illustrations dans le texte. *Paris, Bachelin-
Deflorenne*, 1870-1873, 2 tomes en 1 vol. in-8, br.

Envoi d'auteur et lettre autographe signée du même, ajoutée.

171. La science des armoiries, par M. Bachelin-Deflorenne, avec gravures dans le texte. *Paris, Jouaust*,
1880, in-8, br.

172. A. Poulet-Malassis. — Les Ex-Libris français
depuis leur origine jusqu'à nos jours. — Nouvelle
édition, revue, très augmentée et ornée de 24 planches. *Paris, Rouquette*, 1875, in-8, pap. de Hollande, br.

Envoi à mon vieil ami Monselet, pour une de ses ventes avant
décès.

POULET-MALASSIS.

173. Henry Cohen. — Guide de l'amateur de livres à
figures et à vignettes du XVIIIe siècle; 3e édition,
publiée par Charles Mehl. *Paris, Rouquette*, 1876,
in-8, br.

174. L'Enfer du bibliophile, vu et décrit par Ch. Asselineau. *Paris*, 1860, in-12, br.

Fantaisie charmante. Petit volume devenu rare.

175. Les Autographes en France et à l'étranger. —
Portraits. — Caractères. — Anecdotes. — Curiosi-
tés; par M. de Lescure. *Paris, Gay*, 1865, in-8, br.

176. Personnages énigmatiques. Histoires mysté-
rieuses, événements peu ou mal connus, par Frédéric Bulau, traduit de l'allemand par W. Duc-
kett. *Paris, Poulet-Malassis et de Broise*, 1861,
3 vol. in-12, br.

177. Lucrèce Borgia, d'après les documents originaux
et les correspondances contemporaines, par F. Gré-
gorovius, traduit de l'allemand par Paul Regnaud.
Paris, 1876, 2 vol. in-8, pl., br.

178. Restif de La Bretonne, par Firmin Boissin. *Paris*, 1875, in-8, pap. vergé, br. — Restif de La Bretonne et le Pornographe, étude critique, par le docteur H. Mireur, de Marseille. *Bruxelles*, 1879, pet.
in-8, front. gr., p. vergé, br.

> Chacun de ces volumes a été tiré à 150 exemplaires.
> Le premier porte l'envoi suivant :
>
> « A Charles Monselet, père des Restifomanes,
>
> « Sympathique hommage.
>
> « Firmin BOISSIN. »

179. Honoré de Balzac, par Théophile Gautier, édition revue et augmentée, avec un portrait, par E.
Hédouin. *Paris, Poulet-Malassis et de Broise*,
1859, in-12, br.

180. Balzac (H. de). — Publications relatives à sa
vie et à ses œuvres, par Gustave Desnoiresterres,
Armand Baschet, Champfleury, E. de Mirecourt,
Mme Surville, Lamartine et Ch. de Lovenjoul (1851-
1879), 7 volumes et brochures.

> On a joint à l'Etude de M. Armand Baschet 3 lettres autographes
> signées de cet auteur.

181. Prosper Mérimée. — Sa bibliographie par
M. Tourneux, ornée d'un portrait gravé à l'eau-
forte par Frédéric Régamey. *Paris, Baur*, 1876,
in-8, pap. vergé, br. — Le portrait de Prosper Mérimée tour à tour en femme et en homme, d'après

un des 3 exemplaires connus de la lithographie de
1825, et d'après un dessin inédit de E. J. Delécluze
(publié par A. Poulet-Malassis). *Paris, Baur*, 1876,
br. in-8, pap. vergé.

Avec cet envoi caractéristique :
A Monselet. insecte littéraire, qui fait constater son existence
par ses piqûres.

A. PACHYDERME.
(A. POULET-MALASSIS.)

182. Souvenirs de la vie intime de Henri Heine, recueillis par sa nièce, princesse Della-Rocca. *Paris*,
1881, in-8 carré, pap. vergé, br. — Souvenirs intimes de Henri Heine, par Alexandre Weill. *Paris*,
1883, in-8 carré, br. — Ensemble 2 volumes.

183. Henry Murger, par Th. Pelloquet. *Paris*, 1861,
br. gr. in-18, port. — Henry Murger et la Bohême,
par A. Delvau, eau-forte, par Staal. *Paris*, 1866,
in-12, pap. vergé, br. (*Envoi d'auteur*). — Les der-
niers Bohêmes. — Henry Murger et son temps, par
Firmin Maillard. *Paris*, 1874, in-12, br. (*Envoi
d'auteur*).

On a joint à la première notice la lettre de faire part de la
mort de Murger.

184. Essais de bibliographie contemporaine.—Charles
Baudelaire, par MM. A. de La Fizelière et G. De-
caux. *Paris*, 1868, in-12, pap. vergé, br. — A. de
Vigny et Ch. Baudelaire, candidats à l'Académie
française, étude par Etienne Charavay. *Paris*, 1879,
in-16 carré, pap. vergé, port., br. — Prosper Mérimée, ses portraits, ses dessins, sa bibliothèque,
étude par M. Tourneux. *Paris*, 1879, in-16 carré,
port., pap. vergé, br. (*Envoi d'auteur*). — Ensemble 3 volumes.

185. Charles Baudelaire, sa vie et son œuvre, par
Ch. Asselineau, avec portraits. *Paris, Lemerre*,
1869, in-12, br.

On a joint à cet exemplaire deux lettres autographes signées de
Ch. Asselineau et Baudelaire. Il porte, en outre, un charmant envoi de l'auteur.

186. Aristide et Ch. Frémine. — Armand Le Bailly,

avec une préface, par L. Ratisbonne. *Paris*, 1877,
in-18, br. — Albert Glatigny, sa vie, son œuvre,
par Job-Lazare. *Paris*, 1878, in-12, port., br. —
Ensemble 2 volumes.

MÉLANGES

187. Traité de la dissolution du mariage pour cause
d'impuissance, avec quelques pièces curieuses sur
le même sujet (par le président Bouhier). *Luxem-
bourg*, 1735, in-8, v.

188. Le Thesmographe, ou idée d'un honnête
homme, sur un projet de règlement, proposé à
toutes les nations de l'Europe, pour opérer une ré-
forme générale des lois, avec des notes historiques
(par Restif de la Bretonne). *La Haye*, 1789, 2 part.
en 1 vol. in-8, dent., v. j.

189. Jean de Vigo. — Le Mal français (1514), traduction par Alfred Fournier. *Paris*, 1872, in-12,
br. — La syphilis et la prostitution dans leurs rap-
ports avec l'hygiène, la morale et la loi, par le D^r
H. Mireur. *Paris*, 1879, in-8., br.— Ensemble 2 volumes.

190. Néologie, ou Vocabulaire des mots nouveaux, à
renouveler, ou pris dans des acceptions nouvelles,
par L. S. Mercier. *Paris*, 1801, 2 vol. in-8, bas.
marb., dent.

191. Vallée aux Loups. — Souvenirs et fantaisies, par
H. de Latouche. *Paris*, *Levavasseur*, 1833, in-8,
d.-rel. v.

Rare. De la bibliothèque de Balzac.

192. VICTOR HUGO. — 5 brochures in-8 et in-12.

Lettre à M. Victor Hugo, par M. Alex. Duval. *Paris*, 1833.—

12 Discours de Victor Hugo. *Paris*, 1851. — Victor Hugo, revu et corrigé à la plume, par Gill. — Les Chansons des grues et des boas. *Paris*, 1865. — Victor Hugo, ses portraits et ses charges, catalogués par A. Bouvenne. *Paris*, 1879, pap. vergé, port. — Victor Hugo, par Jules Claretie. *Paris*, 1882, port. et fac-similé.

193. Sainte-Beuve. — 9 vol. gr. in-18, brochés. (*Editions Michel-Lévy.*)

Lettres à la princesse ; 1 vol. — Premiers Lundis ; 3 vol. — Chronique Parisienne ; 1 vol. — Correspondance ; 2 vol. — Sainte-Beuve et ses inconnues par Pons ; 1 vol. — Confession de Sainte-Beuve, par Nicolardot ; 1 vol.

194. Jules Janin. — Œuvres diverses publiées sous la direction de M. A de La Fizelière. *Paris, Jouaust*, 1876-1878, 14 vol. in-12, br.

195. Gérard de Nerval. — 6 volumes.

Voyage en Orient. *Paris, Charpentier*, 1851 ; 2 vol. gr. in-18, br. — Petits Châteaux de Bohème, prose et poésie. *Paris*, 1853, in-32, br. — Les Filles du feu. *Paris, Michel Lévy*, 1856, in-18, d.-rel. — Le Rêve et la vie. *Paris, Michel Lévy*, 1868, gr. in-18 br. — Les Illuminés. *Paris, Michel Lévy*, 1868, gr. in-18, br.

196. Champfleury. — 3 volumes brochés.

Le Réalisme. *Paris*, 1857, gr. in-18 (*Envoi d'auteur*). — Grandes Figures d'hier et d'aujourd'hui. — Balzac, Gérard de Nerval, Wagner, Courbet. *Paris, Poulet-Malassis et de Broise*, 1861, gr. in-12 carré, br. (*manque le frontispice*). — Monsieur Tringle. *Paris*, 1866, in-18, br. (*Envoi d'auteur.*)

197. Xavier Aubryet. — La République rose (1848-1871). *Paris*, 1871, in-32. — Les Représailles du sens commun. *Paris*, 1872, gr. in-18. — Robinsonne et Vendredine. *Paris*, 1874, gr. in-18. — Ensemble 3 volumes brochés.

Envois d'auteur aux trois volumes, Le premier porte la mention suivante : « A Charles Monselet, son ami de 1848-1871. » Lettre de Xavier Aubryet, ajoutée.

198. Alfred Delvau. — Le Fumier d'Ennius, avec une eau-forte de Léopold Flameng. *Paris*, 1865, in-18, br.

Envoi d'auteur, et lettre du même ajoutée, signée « *le Bon Delvau* ».

199. Alfred Delvau. — 3 volumes.

Gérard de Nerval, sa vie et ses œuvres. Eau-forte par G. Staal. *Paris*, 1865, in-32, pap. vergé, cart. — Du pont des Arts au pont de Kehl. *Paris*, 1866, gr. in-18, br. — Les Plaisirs de Paris. Guide pratique et illustré. *Paris*, 1867, in-12, cart.

200. Mélanges. — 8 volumes in-18 brochés. (Editions belges, publiées de 1833 à 1839.)

Musset (A. de) ; 1 vol. — Balzac ; 2 vol. — Hugo (Victor) ; 2 vol. — Sand (George); 1 vol. — Souvestre (Emile) ; 2 vol.

201. Editions publiées par Laurent et Méline, de Bruxelles. — 13 vol. in-32, brochés.

Victor Hugo; 8 vol.— Théophile Gautier; 1 vol. — Sainte-Beuve ; 1 vol. — Lamartine ; 1 vol. — Aug. Barbier ; 1 vol. — Brizeux ; 1 vol.

202. Lorédan Larchey. — Les Joueurs de mots. *Paris*, 1867. — Gens singuliers. *Paris*, 1867. — Ensemble 2 vol. in-12, brochés.

Envois d'auteur.

203. Mélanges. — 8 volumes in-64, brochés.

Documents pour servir à l'histoire de nos Mœurs (publiés par L. Larchey); 5 vol. — Les bons mots de M. de Bièvre. *Bruxelles, s. d.* — Le Romancero de l'Impératrice, trad. de l'espagnol par Chéron de Villiers. *Paris,* 1869.

204. Mélanges. — 7 volumes brochés.

Les Bains de Bade au XVe siècle, par Pogge, traduit en français par A. Méray. *Paris, Jouaust,* 1868, in-12, pap. de Hollande. — Point de Lendemain, conte par Vivant Denon, notice par Poulet-Malassis. *Paris. Liseux,* 1876, pet. in-12, pap. vergé. — La Nuit et le Moment, par Crébillon fils. *Paris, Liseux,* 1879, pet. in-12, pap. vergé. — La Confession générale d'Audinot. Réimpression originale de 1774. *Rouen,* 1880, in-12, fig. — Chefs-d'œuvre inconnus. — Les Porcherons, poème en sept chants, publiés par le bibliophile Jacob, eau-forte par Lalauze. *Paris, Jouaust,* 1882, in-12, pap. vergé, etc., etc...

205. Mélanges. — Editions Charavay frères; 5 volumes in-16 carré, pap. de Hollande, port. et fig., brochés.

Giuletta et Romeo. Nouvelle de Luigi da Porto, traduit par Henry Cochin; 1879. — Lucile de Chateaubriand, ses contes, ses poèmes, ses lettres, précédés d'une étude sur sa vie, par Anatole France; 1879 (*Envoi d'auteur*). — Dorci, ou la bizarrerie du sort, conte inédit, par le marquis de Sade; 1881. — Lettres critiques sur la vie, les œuvres, les manuscrits d'André Chénier, par Becq de Fouquières; 1881. — Henriette d'Angleterre, par Madame de La Fayette, avec une introduction par A. France; 1882 (*Envoi d'auteur*).

206. Etrennes aux Dames. *Paris, Charavay frères,* 1881, in-32, port., encadrements en couleur, pap. de Hollande, br.

207. Le Rabelais de poche, avec un dictionnaire pan-
tagruélique, tiré des Œuvres de François Rabelais;
par Eugène Noël. *Paris, Poulet-Malassis et de
Broise*, 1860, in-12, br. — Rabelais médecin, avec
notes et commentaires par le docteur Félix Bremond.
Paris, 1879, in-12, port., fac-similé, br. — Ensemble 2 volumes.

208. Les Etrennes de la Saint-Jean; 4e édition (par
le comte de Caylus et autres). *Troyes*, 1757. — Les
Ecosseuses, ou les œufs de Pasques (par le comte
de Caylus et autres). *Troyes, s. d.* Ensemble 2 ouvr.
en 1 vol. in-12, v. m.

209. A. Pothey. — La Muette, illustrée par H. Daumier, H. Monnier, Bin, Bachelin, Dansaert, Blanc-
Fontaine, etc. *Paris, Daffis*, 1870, br. in-8.

210. Arsène Houssaye. — Tableaux rustiques. — Le
Cochon, illustré de 15 eaux-fortes, par Charles
Jacques, Henry Guérard, P. Fournier, Félix Oudart,
Van Ryssel et Frédéric Régamey. *Paris, Librairie
de l'eau-forte*, 1876, gr. in-8, br.

OUVRAGES DE M. CHARLES MONSELET

LIVRES DUS A SA COLLABORATION

PUBLICATIONS FAITES PAR SES SOINS

Le tout classé par ordre chronologique de publication.

211. A la Famille Royale. — Marie et Ferdinand, poème. *Bordeaux*, 1842, in-8 de 24 p. br., n. r.

Début littéraire de l'auteur. Inutile d'ajouter que ce poème est devenu fort difficile à rencontrer.

212. Lucrèce ou la femme sauvage, parodie, en un acte et en vers, de la Lucrèce de M. Ponsard, par MM. Gabriel Richard (Lesclide) et Charles Monselet. *Bordeaux*, 1843, gr. in-8, br.

On a joint à cette pièce, devenue fort rare, une lithographie publiée par la *Sylphide*, représentant une scène de la parodie de Lucrèce. Cette parodie fut jouée sur le tnéâtre des Variétés, à Bordeaux, le 7 octobre 1843.

213. Un Carreau brisé, comédie-vaudeville en un acte, représentée pour la première fois sur le théâtre des Variétés, à Bordeaux, le 2 juillet 1844. *Bordeaux*, 1844, gr. in-8, br.

Toutes ces pièces de la jeunesse de M. Monselet sont devenues aujourd'hui de véritables raretés bibliographiques.

214. Les trois Gendarmes, parodie en un acte et en vers des Mousquetaires de MM. Alexandre Dumas et A. Maquet, par MM. Gabriel Richard (Lesclide) et Charles Monselet. Représentée pour la première fois sur le théâtre des Variétés, à Bordeaux, le 18 avril 1846. *Bordeaux*, 1846, gr. in-8, br.

Rare.

215. Notice nécrologique sur Frédéric Soulié, par MM. Victor Hugo, Alexandre Dumas, Jules Janin, Paul Lacroix, Antony Béraud, Charles de Matharel et Charles Monselet. *Paris*, 1847, in-8, br.

216. Le Camice Rosse, di Carlo Monselet, prima versione Italiana di Giusette Galanti. *Firenze*, 1849, in-8, d.-rel.

> Traduction italienne des *Chemises rouges*, de l'auteur, ornée de figures en couleur assez grossières, mais dont quelques-unes représentent d'une façon naïve des scènes et des personnages de la Révolution française.
> Exemplaire en médiocre état.

217. Les Chemises rouges. *Bruxelles*, 1850, 5 vol. in-18, br.

218. La Franc-Maçonnerie des femmes. *Paris, De Potter, s. d.* (1850), 7 vol. in-8, br.

219. Statues et Statuettes contemporaines. *Paris, Giraud et Dagneau*, 1852, gr. in-18, br.

> La princesse Belgiojoso. — M. de Jouy. — Frédéric Soulié — Lassailly. — Ferdinand Flocon. — Madame Récamier. — Abd-el-Kader — Rossini. — Jean Journet. — Alexandre Dumas. — Chateaubriand. — Paul de Kock. — Charles Coran. — Elleviou.

220. Histoire du Tribunal révolutionnaire. *Paris, Giraud et Dagneau*, 1852, in-12. d.-rel. mar. vert.

221. Stendhal. — Armance ou quelques scènes d'un salon de Paris, avec une préface par Ch. Monselet. *Paris, Giraud*, 1853, in-12, br.

222. Les Vignes du Seigneur. *Paris et Bordeaux*, 1854, in-16, br., couverture originale, couleur rose.

> Ce petit volume de poésies, devenu fort rare, est imprimé en caractères rouges.

223. Figurines parisiennes. *Paris, Dagneau*, 1854, in-16, br.

224. Les aveux d'un Pamphlétaire. *Paris, Lecou*, 1854, in-16, br.

225. Monsieur de Cupidon. — Aristide Chamois. *Paris, Lecou*, 1854, gr. in-18, br.

226. Les Métamorphoses du jour; par Grandville, accompagnées d'un texte par MM. Albéric Second, Louis Lurine, Clément Caraguel, Taxile Delord, H. de Beaulieu, Louis Huart, Charles Monselet, Julien Lemer, précédées d'une notice sur Grandville par M. Charles Blanc. *Paris*, 1854, gr. in-8, dem.-rel. chag. rouge, tr. peigne.

227. Les Petits Bordeaux. — Bordeaux-Artiste. *Bordeaux*, 1855, in-32, br.

Ce petit volume, devenu rare, est le premier d'une série qui n'a pas été continuée.

228. La Cuisinière poétique, par M. Charles Monselet, avec le concours de MM. Méry, A. Dumas, Th. de Banville, Th. Gautier, E. Deschamps, C. Caraguel, A. Barthet, etc. *Leipzig, s. d.* (1855), in-32, cart. (*Collection Hetzel.*)

229. Le Musée secret de Paris. *Paris, Hetzel et Lévy,* s. d. (1855), in-32, cart.

230. Les Ruines de Paris. *Leipzig*, 1857, 2 vol. in-32, br. (*Collection Hetzel.*)

231. Edouard Ourliac. — Les Garnaches. — Brigitte. — Le souverain de Kazacaba; avec une notice sur Edouard Ourliac, par Charles Monselet. *Paris*, 1858, gr. in-18, br.

La notice sur Edouard Ourliac est un morceau curieux.

232. Rétif de la Bretonne, sa vie et ses amours. *Paris, Aubry*, 1858, in-12, avec 3 portraits, dont 2 avant la lettre et un sur papier de couleur; pap. vergé, rel. en vél., dor. en tête, éb.

233. Les Tréteaux, avec un frontispice dessiné et gravé par Bracquemond. *Paris, Poulet-Malassis et de Broise*, 1859, gr. in-12, br.

234. La Lorgnette littéraire. Dictionnaire des grands et des petits auteurs de mon temps. — 2e édition. *Paris, Poulet-Malassis et de Broise*, 1859, in-16,

br. – La Lorgnette littéraire (complément). *Paris,
Pincebourde*, 1870, br., in-16.

235. Théâtre du Figaro ; avec un rideau dessiné par
Voillemot. *Paris*, 1861, gr. in-18, br.

236. Les Galanteries du XVIIIe siècle. *Paris, Michel
Lévy*, 1862, gr. in-18, br.

237. Almanach des Gourmands pour 1862, par Charles Monselet, avec le concours de Léon Gozlan, Fer-
nand Desnoyers, Armand Barthet, Edouard Fournier, Bernard Lopez, Pierre Véron, Amédée Rolland,
Jules de Goncourt, etc. *Paris, Eugène Pick*, 1862,
in-16, br.

> Sur le titre, une vignette représentant M. Ch. Monselet à table
> avec quelques-uns de ses collaborateurs. Cette tentative culinaire
> n'eut de suite que plus tard, et peut être considérée aujourd'hui
> comme une curiosité bibliographique.

238. Fréron ou l'illustre critique, sa vie, ses écrits, sa
correspondance, sa famille, etc., frontispice à l'eau-
forte avec portraits, par E. Morin. *Paris, Pincebourde*, 1864, in-18, pap. de Hollande, d.-rel. cuir
de Russie, dos et coins, dor. en tête.

239. Adrien Marx. — Histoires d'une minute. Physionomies parisiennes, illustrées par Gustave Doré,
avec une préface de Charles Monselet. *Paris,
Dentu*, 1864, gr. in-18, br.

240. Une Chansonnette des Rues et des Bois. *A Chaillot*, 1865, in-32, br.

241. Le Plaisir et l'Amour. *Paris, Sartorius*, 1865,
gr. in-18, port., pap. de Hollande, br.

242. De Montmartre à Séville. *Paris, Faure*, 1865,
gr. in-18, br.

243. Portraits après décès, avec lettres inédites et fac-
similé. *Paris, Faure*, 1866, gr. in-18, br.

> M. de Jouy. — Frédéric Soulié. — Laissailly. — Chateaubriand.
> — Madame Récamier. — Edouard Ourliac. — Anténor Joly. —
> Gérard de Nerval. — Henry Murger. — Jean Journet. — André
> de Goy.
> Le fac-similé reproduit une page du manuscrit autographe de
> Gérard de Nerval, figurant au présent catalogue sous le n° 103.

244. L'Almanach gourmand (1866 à 1870). — Ensemble 5 années en 1 vol. in-16 carré, d.-rel. mar. rouge.

Collection complète de cet almanach qui contient de charmants articles littéraires, des pièces de vers et de nombreux articles sur l'art culinaire.

245. Almanach des Rues et des Bois, à l'usage des poètes, pour 1867, indispensable à tous les gens de bien. — 2ᵉ année. *A Chaillot, et se trouve à la librairie du Petit Journal*, 1867, in-32, cart. toile.

246. Physionomies parisiennes. — Acteurs et actrices, dessins par E. Lorsay. *Paris, Le Chevalier*, 1867, in-32, br.

247. Les premières Représentations célèbres. *Paris, Faure*, 1867, gr. in-18, br.

248. Les Potages Feyeux. 12 sonnets inédits (*Paris*, 1868), in-64, br.

249. Les femmes qui font des scènes. *Paris, Michel Lévy*, 1869, gr. in-18, br.

250. Les Créanciers. Œuvre de vengeance, avec une cruelle eau-forte d'Émile Benassit. *Paris, Pincebourde*, 1870, in-8, pap. de Hollande, front. grav., br.

251. Catalogue détaillé, raisonné et anecdotique d'une jolie collection de livres rares et curieux dont la plus grande partie provient de la bibliothèque d'un homme de lettres bien connu (M. Ch. Monselet), et dont la vente a eu lieu en 1871. *Paris, Pincebourde* (1871), in-8, br.

Exemplaire sur papier de Hollande.
Ce catalogue est fort intéressant à consulter pour les notes biographiques et littéraires dont l'a enrichi M. Monselet.

252. P. Nicole. — Jean le Victorieux, actualité politique, avec une étude de Ch. Monselet. *Paris*, 1871, in-12, br.

253. Triolets à Pincebourde. *A Paris, aux environs du quai Voltaire*, 1872, br. in-12.

Tiré à très petit nombre pour les amis seulement.

254. Les Femmes qui font des scènes, pièce en trois actes, mêlée de chant, par MM. Ch. Monselet et Alphonse Lemonnier. Musique nouvelle de M. Charles Hubans. *Paris, Dentu*, 1872, in-18, br.

255. Chanvallon. — Histoire d'un souffleur de la Comédie-Française, avec une gravure d'après Bertall. *Paris, Sartorius*, 1872, gr. in-18, br.

256. Venez, je m'ennuie, comédie en un acte. *Paris, Tresse*, 1873, in-18, br.

257. Paul de Chasteigner. — Les vins de Bordeaux, préface par Ch. Monselet, frontispice de Ch. Donzel. *Paris, Bachelin-Deflorenne*, 1873, in-16 carré, 2 frontispices, l'un en noir, l'autre en couleur, br.

Un des 25 exemplaires sur papier de Hollande.

258. Les frères Chantemesse. *Paris, Dentu*, 1873, 2 vol. gr. in-18, br.

259. Les Marges du Code. — La belle Olympe. *Paris, Dentu*, 1873, gr. in-18, br.

260. Panier fleuri. — Prose et vers. *Paris, Bachelin*, 1873, gr. in-18, br.

261. Gastronomie. Récits de table. *Paris, Charpentier*, 1874, gr. in-18, pap. de Hollande, br.

L'absinthe. — Sonnets gastronomiques. — Mémoires du vin. — Ode à l'ivresse. — Le Médoc, poème. — Mon estomac, féerie. — Grimod de la Reynière. — Le café des malades. — Sermon pour les cuisinières. — Choix de recettes sérieuses, plaisantes, extraordinaires. — La Clef du caveau, etc., etc.

262. L'Ilote, comédie en un acte en vers, par Charles Monselet et Paul Arène. Manuscrit de 36 pages, pet. in-4, cart.

MANUSCRIT AUTOGRAPHE de M. Ch. Monselet, avec ratures et corrections. Il présente des différences et des changements assez sensibles avec la pièce imprimée en 1875, dont nous joignons ici un exemplaire.

263. Scènes de la vie cruelle. *Paris, Michel Lévy*, 1876, gr. in-18, br.

264. Les Oubliés et les Dédaignés, figures de la fin

du XVIIIe siècle. Nouvelle édition définitive. *Paris, Charpentier*, 1876, gr. in-18, br.

265. La Revue sans titre. *Paris, Bachelin-Deflorenne*, 1877, in-12, pap. teinté, br.

266. Comment on devient rentier, par M. G. F. Dubarreau, avec une préface de M. Ch. Monselet. *Paris*, 1877, in-8, br.

> En tête de cet exemplaire se trouve une charmante pièce de vers autographe de l'auteur, adressée à M. Ch. Monselet.

267. Saynètes et Monologues; 1re, 6e et 8e séries. *Paris, Tresse*, 1877-1882, 3 vol. in-18, br.

> Chacun de ces volumes renferme une pièce de M. Ch. Monselet: *Voyage dans mes poches. — Lettre d'une actrice. — La demoiselle qui a des absences.*

268. La Surprise de l'Amour, opéra-comique en deux actes, d'après Marivaux, musique de Ferdinand Poise. *Paris, Tresse*, 1877, in-18, br.

269. Lettres gourmandes. Manuel de l'homme à table. *Paris, Dentu*, 1877, gr. in-18, br.

> Envoi d'auteur à son ami.....
>
> « Souvenir d'un plat de haricots rouges pendant le siège de Paris.   CHARLES MONSELET. »

270. Le Petit Paris. — Tableaux et figures de ce temps. *Paris, Dentu*, 1879, gr. in-18, br.

271. Une troupe de Comédiens. *Paris, Tresse*, 1879, gr. in-18, br.

272. La Neuvaine de Cythère, par Marmontel, avec notice par M. Ch. Monselet, illustrée du portrait de l'auteur et de 9 vignettes dessinées par Fesquet. *Paris, Barraud*, 1879, in-8, pap. de Hollande, br.

273. Physiologie du Goût de Brillat-Savarin, avec une préface par Ch. Monselet, eaux-fortes par A. Lalauze. *Paris, Jouaust*, 1879, 2 vol. in-8, pap. de Hollande, br.

> Dédicace de l'éditeur à M. Monselet:
>
> Le plus lettré des gourmets
> Et le plus gourmet des lettrés.

274. Les Diudons de la farce, comédie en trois actes, par MM. Ch. Monselet et Alph. Lemonnier. *Paris, Tresse*, 1880, in-18, br.

275. L'Amour médecin, opéra-comique en trois actes et un prologue, d'après Molière, musique de M. Poise. *Paris, Tresse*, 1881, in-18, br.

276. Poésies complètes, avec un frontispice gravé à l'eau-forte par Lalauze. *Paris, Dentu*, 1881, gr. in-18, br.

277. Le Parnasse satyrique du XIXe siècle. Recueil de pièces facétieuses, scatologiques, piquantes, pantagruéliques, gaillardes et satyriques, des meilleurs auteurs contemporains, poètes, romanciers, journalistes, etc., suivi du Nouveau Parnasse satyrique. *Bruxelles*, 1881, 3 vol. in 8, frontispices tirés sur chine, br.

On trouve dans ce recueil plusieurs pièces de vers de M. Ch. Monselet, qui n'ont pas été publiées ailleurs. On y a joint une lettre bizarre de l'éditeur Poulet-Malassis, adressée à M. Monselet: « *Dans l'un ou l'autre monde.* »

278. Claude Tillier. — Mon Oncle Benjamin. Nouvelle édition, illustrée d'un portrait et de 42 dessins de Sahib. *Paris, Conquet*, 1881, 2 vol. in-8, pap. vélin teinté, br.

Préface par M. Ch. Monselet.

279. Les Contes de l'abbé de Colibri. Nouvelle édition, avec préface, par un homme de lettres fort connu (Charles Monselet). *Paris, Belin*, 1881, pet. in-8 carré, pap. Wathman, frontisp. gr., br.

280. Eglai, ou amour et plaisir, par Legay, nouvelle édition augmentée d'une notice par Ch. Monselet. *Bruxelles, Gay*, 1883, 4 tomes en 2 vol. in-12, fig., br.

281. Joli Gilles, opéra-comique en deux actes, musique de Ferdinand Poise. *Paris, Lévy*, 1884, in-18, br.

282. Paul Eudel. — Les Locutions Nantaises, avec

une préface par Ch. Monselet. *Nantes, Morel*, 1884, in-16, pap. teinté, br.

283. Mon dernier né. — Gaietés Parisiennes. *Paris, Dentu*, 1884, gr. in-18, br.

284. Les Mois gastronomiques, compositions de Edmond Morin, avec douze rondeaux de Ch. Monselet. *Paris, s. d.*, in-fol., cart. toile bleue, tr. dor.

> Le chef-d'œuvre d'Edmond Morin, ce grand artiste. Chacune de ces douze gravures a la valeur d'un tableau.

285. A. Privat d'Anglemont. — Paris-Anecdote, avec une préface et des notes par Charles Monselet, édition illustrée de 50 dessins à la plume par J. Belon, et d'un portrait. *Paris, Rouquette*, 1885, in-8, br.

Paris. — Imprimerie de Ch. Noblet, rue Cujas, 13. — 11153.